NOTICE GÉNÉALOGIQUE

SUR LA MAISON

DE

CROY-CHANEL DE HONGRIE.

—

NOM.

FILIATION.

ALLIANCES.

—

1859.

DE CROY-CHANEL DE HONGRIE

ARMES.

Ecartelé au premier de France ; au deuxième de Sassenage, qui est burelé d'argent et d'azur, de dix pièces ; au
lion de gueules, armé , lampassé et couronné d'or ; au
troisième de Voyer de Paulmy d'Argenson qui est d'azur à
deux lions léopardés d'or, couronnés de même, armés et
lampassés de gueules ; au quatrième de Pons, qui est d'argent à la face, bandée d'or et de gueules de six pièces et
brochant sur le tout de Hongrie, qui est de Croy, qui porte
fascé d'argent et de gueules de huit pièces ; le tout surmonté
d'une couronne d'or antique en forme de demi globe, surmontée d'une petite croix terminée en fer de lance d'or : la
dite couronne ornée de chaines et de petites croix qui pen-
dent sur le devant et sur les côtés de cette couronne qui
est celle de Saint-Etienne, premier roi chrétien de Hongrie.

Supports : Deux guerriers armés de toute pièce.

Cri de guerre : *Jérusalem.*

Première devise : *Sanguis regum Hungariæ.*

Seconde devise : *Crouy salve Tretous.*

NOTICE GÉNÉALOGIQUE

SUR LA MAISON

DE

CROY-CHANEL DE HONGRIE

JERUSALEM

CROIX SALVE TRETOUS

SANGUIS REGUM HUNGARIÆ

1859.

I.

NOM.

La famille de Croy ou Crouy, aussi illustre qu'ancienne descend de la maison royale de Hongrie, de la dynastie de saint Etienne, que les malheurs du temps ont forcé à se retirer en France, où elle se fixa dans les montagnes d'Allevard en Dauphiné et dans la Picardie.

Les enfants d'André III portèrent d'abord le nom de Hongrie ou Honguerie (obitus Felicis Hungariæ, Marci Aungarie). A ce nom les générations suivantes ajoutèrent ceux de Croy ou Crouy et de Chanel (obitus johannis Hungarie, dicti Chanelis, alias Croy, militis nobilissimi, filii Guillielmi de Croyaco-Chanelis.) Le nom de Croy provient d'une terre située en Picardie et qui par suite d'un partage fait le 9 février 1282, avec la médiation des plus grands seigneurs du temps, Amedée, comte de Genève, Raoul de Clermont, connétable de France, Pierre du Peloux et Beaudoin de Guines, échut à Marc de Hongrie, tandis que Félix se réservait pour sa part les biens situés à Allevard et entre autres une terre sise à Bellecombe, près d'Allevard, appelée Chanel ou Chanay.

Quant à l'orthographe de CROY ou CROUY il n'y a là aucune différence importante. Antoine de CROY écrivait son nom CROUY dans le courant d'un acte et le signait CROY. Les anciennes éditions des mémoires de Ph. de Commines de 1524 portent CROUY ou CROUX, là où on trouve CROY dans les éditions modernes. Olivier de la Marche, Jean le Carpentier, Etienne de Cypre ont également varié entre ces différentes orthographes. Dans la traduction latine de ce nom on retrouve des variations analogues ; CROYACO, CROVIACI ou CRUCIS sont synonimes.

Par suite du partage dont il vient d'être question, la branche de Dauphiné, issue de Félix de HONGRIE prit beaucoup plus habituellement le nom de CHANEL ou CHANAY que celui de CROY, qui finit même par tomber à peu près en désuétude dans l'habitude de la vie, mais qui était presque toujours repris dans les actes importants.

C'est en partie pour obvier à cet inconvénient, mais surtout pour faire constater solennellement son illustre extraction que la maison de CROY-CHANEL soumit en 1787, tous les titres prouvant son origine et sa filiation, à la Chambre des comptes de Dauphiné. Elle en obtint un arrêt en date du 26 mars 1790, antérieur par conséquent au décret de l'assemblée nationale du 19 juin 1790, qui abolit la noblesse héréditaire. Cet arrêt rendu contradictoirement avec le procureur général du roi en ladite cour, en faveur de François-Nicolas de CROY-CHANEL et de Jean-Claude de CROY-CHANEL, auteurs des exposants, déclare : « Que « l'origine de leur famille et sa descendance en ligne directe « et masculine de Félix, prince royal de Hongrie, dit de

« CROY-CHANEL, fils d'ANDRÉ III, dit le Vénitien, petit-fils
« d'ETIENNE, dit le Posthume et arrière petit-fils d'ANDRÉ II,
« roi de HONGRIE, dont il est question en l'acte du 1er mars
« 1279, et au traité de partage du 9 fevrier 1282, sont suffi-
« samment prouvées et ordonne que les titres produits
« soient enregistrés, à l'effet de constater leur origine et
« descendance et de jouir, par eux et leurs descendants
« en ligne directe, des droits, honneurs et priviléges de
« noblesse, et armoiries et autres résultants des dits titres
« et actes, suivant et conformément aux lois du royaume. »

A cette reconnaissance de la Chambre des comptes de
Dauphiné, vint s'ajouter plus tard de nouvelles consécra-
tions judiciaires. Un procès d'armoiries qui s'éleva entre les
maisons de CROY-d'HAVRÉ, de CROY-SOLRE et CROY-CHANEL
n'eut en définitive d'autre résultat que de constater les droits
de cette dernière famille à se dire issue des anciens princes
de Hongrie et à continuer à en porter les armes. C'est ce
qui résulte de l'arrêt de la Cour Royale de Paris du 12 mai
1821, qui tout « en reconnaissant à la famille de CROY-
« CHANEL ses droits à porter le nom et les armes de
« HONGRIE, » prenait cependant d'office, sans en être saisie
par la partie adverse, une décision tendant à défendre l'ad-
jonction du nom de CROY à celui de CHANEL. S'autorisant de
cette décision abusive, la cour royale de Paris supprima
d'*office* le nom de CROY dans un arrêt du 16 juin 1828
où figurait le nom de CROY-CHANEL. Il y eut appel et
par arrêt de la Cour de cassation du 6 avril 1830, le jugement prononcé d'office par la Cour royale de Paris fut cassé

sans renvoi et la maison de CROY-CHANEL, mise de nouveau et définitivement en possession du nom de CROY.

Enfin pour la régularisation plus complète de la possession d'état, un jugement du tribunal civil de Grenoble du 21 mars 1839, sur le vu de la réintégration des actes et titres, au greffe de la cour royale, confirma de nouveau l'origine royale de MM. de CROY-CHANEL, proclamée par les arrêts précités et ordonna : « la rectification de tous les actes « où le nom de CROY ne se trouvait pas joint à celui de « CHANEL, faisant défense à tout greffier et officier public « de délivrer des expéditions desdits actes, sans l'union des « deux noms. »

A l'appui de ces décisions judiciaires on peut également citer les confirmations délivrées à plusieurs reprises par les commissaires du roi, chargés de la révision des faux nobles, et l'autorité de quelques savants généalogistes qui ont traité des titres et de la descendance de la maison de CROY-CHANEL, entre autres :

1° Dom Villevielle , bénédictin de la congrégation de Saint-Maur. 2° M. Lacroix. généalogiste de l'ordre de Malte. 3° M. Duprat-Taxis. généalogiste de l'ordre de Saint-Lazare. 4° Le célèbre Pavillet, ancien premier commis au cabinet des ordres du roi, ancien chef de la division des archives de l'empire, etc. 5° Viton de Saint-Allais, nobiliaire universel de France.

Tous ces mémoires ainsi que les titres originaux, génération par génération sont conservés aux archives de la famille de CROY-CHANEL.

Il convient également de mentionner.

1° Une bulle du magister souverain de l'ordre de St-Jean de Jérusalem, dit de Malte, accordant la décoration héréditaire dudit ordre à MM. de CROY-CHANEL, en reconnaissance d'une fondation faite en sa faveur par l'un de leurs aïeux, ANDRÉ II, roi de HONGRIE, qui s'était engagé pour lui et ses descendants à porter cette décoration.

2° Enfin la décision des députés de la Hongrie, dont voici l'annonce officielle donnée par M. de Kis, agent aulique Hongrois, au membre de la famille, qui avait provoqué cette décision en venant s'établir en Hongrie avec ses enfants.

« Par la demande que vous avez faite à la diète, vous sol-
« licitez les droits de l'indigénat comme descendant des
« anciens rois de Hongrie, vous appuyez cette demande par
« titres officiels, en établissant la première génération par
« Marc et Félix, fils d'André, en 1279, et allant de généra-
« tion en génération jusqu'en 1790, et jusqu'à vous-même.

« En conséquence de votre demande, les comitats de la
« Hongrie ont été consultés sur la décision que les députés
« devaient prononcer sur votre indigénat et reconnaissance,
« et au comité de Comorn, on a décidé : *que non seulement*
« *il fallait vous accorder l'indigénat, mais encore le droit*
« *d'avoir voix à la diète et place parmi les nobles magnats*
« *Hongrois, si vos titres prouvaient authentiquement votre*
« *royale origine.*

« Plus tard et après cette décision prise par le comitat de
« Comorn , les députés de la Hongrie, officiellement réunis,
« ont dans leur séance en date du 27 octobre dernier (1844),

« décidé presque à l'unanimité (284 voix sur 286 votants)
« que votre demande devait être agréée et ils *l'ont agréée*
« *officiellement*. » (1)

Tels sont les titres officiels et les décisions judiciaires qui
fixent le nom et l'origine royale de la maison de CROY-
CHANEL, et le droit qu'elle pourrait faire valoir au titre de
prince, *par définition d'état*.

Le procès qui s'est élevé entre les maisons de CROY-
d'HAVRÉ, de CROY-SOLRE et de CROY-CHANEL a eu pour ré-
sultats légaux de constater le droit, les titres et l'origine
de la famille de CROY-CHANEL, tandis que ses adversaires
subissaient la perte des armes et de l'origine royale auxquel-
les ils prétendaient.

« Nous avons toujours déploré cette discussion , dit
« le prince Auguste de CROUY-CHANEL, entre deux mai-
« sons qu'une pensée conciliatrice aurait mieux éclairée
« sur leur origine qu'un procès, qui n'inspire que des pen-
« sées hostiles plutôt que réparatrices, qui furent et seront
« toujours les nôtres en famille comme en politique. » (2).

(1). Le membre de la famille dont il est ici question est François,
Nicolas, Jean, Henri de CROY, né le 22 mai 1799, dont la filiation
se trouvera ci-après. Marié à la fille de l'amiral Tschitchakoff, il
est devenu propriétaire et s'est fixé en Hongrie. L'un de ses fils
est actuellement aide-de-camp de S.M. l'empereur d'Autriche. (1859).

(2) De la Noblesse et des titres nobiliaires dans les sociétés chré-
tiennes par A. de Hongrie, prince de CROUY-CHANEL. Paris,
Dentu. (1857).

Voir sur l'origine du nom et sur l'existence de la famille de
CROY-CHANEL en Dauphiné. 1° Chronologie historique des ducs de
CROY, in-4°, Grenoble 1789. 2° Philippe de Commines. 3° Jean
Scohier, descente et Généalogie de la très-illustre maison de CROY,
in-4°, Douai 1589. 4° Album du Dauphiné, grand in-4°. Grenoble
1837. Alm. de Gotha, etc., etc. (Gräfliches Taschenbuch).

II.

FILIATION.

I.

ANDRÉ II. roi de Hongrie, fils de Bela III, roi de Hongrie, et de Marguerite de France, fille de Louis VII, roi de France, mourut le 7 mars 1235. Il avait épousé : 1º Gertrude fille de Berthold IV, duc de Méranie. 2º Yolande, fille du prince de Courtenay, empereur de Constantinople ; 3º Le 14 mai 1234 Béatrix, fille d'Aldovrandin, marquis d'Est ; entre autres enfants il laissa :

II.

ETIENNE, dit le POSTHUME, fils unique du 3e lit, qui épousa Thomassine Morosini, nièce du doge de Venise. don il eut.

III.

ANDRÉ III, surnommé le VÉNITIEN, qui fut couronné roi de Hongrie le 4 août 1290. Les troubles continuels qui agitaient son royaume, et les guerres qu'il eut à soutenir contre les papes, l'empereur Rodolphe de Hapsbourg. les rois de Naples, de Sicile et de Bohême amenèrent la perte de sa couronne. Il mourut à Bude, le 14 janvier 1302, étant le dernier roi de la famille de St-Etienne, il avait épousé : 1º Sybille de Cumana, fille d'un sénateur de Venise. 2º Agnès d'Autriche.

Enfants du 1er lit :

1º Félix de Hongrie. dont l'article suit:

2° Marc de Hongrie, co-seigneur de CROY sur Somme, par
traité de partage avec son frère, du 9 février 1282, et qu'on
croit être la souche des sires de CROY et de Renty, des princes de Chimay, de Solre et des ducs d'Havré.

Du second lit :

3° Elisabeth, qui se retira durant les troubles de Hongrie,
en Suisse, où elle finit ses jours en odeur de sainteté dans
le couvent des dominicaines de Toess.

IV.

FÉLIX de HONGRIE, (1) seigneur de Brastole en Dalmatie,
fit un traité le 1er mars 1279 avec les habitants du village et
mandement de Brastole, au sujet du droit de paturage dans
la forêt de Weyaga, Il est qualifié *noble*, *Puissant et
magnifique, homme, seigneur Félix de Hongrie*. On y rappelle l'usage où étaient les habitants de mener leurs chevaux
en paturage dans cette forêt, surtout pendant la possession
du seigneur André qui s'y trouve qualifié de prédécesseur
et père du dit Félix. Il est bon d'observer qu'André III,
pendant sa minorité avait habité le pays de Brastole, voisin
des villes de Spalatro et d'Almissum, où Roger de Morosini,

(1). Filiation prouvée par l'acte de partage du 9 février 1282,
par la quittance du 27 avril, même année, 1282, par le traité passé
à Brastole le 1er mars 1279, par des fondations et des obits insé-
rés dans les cartulaires et les nécrologes du chapitre de Notre-Dame
d'Amiens. Ledit acte est scellé d'armes empreintes sur cire qui
malgré la vétusté du sceau paraissent encore distinctement fas-
cées d'argent et de gueules de 8 pièces, timbrées d'un casque
ayant pour cimier une croix surmontée d'un fer de lance, ayant 2
guerriers armés pour tenants. L'écu appendu à un arbre.

Son mariage avec Guigonne de la Chambre est prouvé par acte
du 5 des ides de décembre 1286.

son parent, commandait pour les Vénitiens. Les pirates infestaient cette contrée, Félix se retira en France dans les montagnes d'Allevard en Dauphiné, où Etienne, le Posthume, son aïeul avait déjà trouvé une retraite lorsqu'il était poursuivi par la haine de son aïeul maternel le marquis d'Est.

Il se fixa dans cette nouvelle patrie adoptive, par son mariage avec Guigonne de la Chambre, des anciens comtes de la Chambre, famille des plus illustres de la Savoie. Par suite du traité de partage du 9 février 1282, fait avec Marc de Hongrie, Félix eut, entre autre biens, une terre sise à Bellecombe (près d'Allevard), que l'on appelait le domaine de CHANEL ou CHANAY, tandis que Marc eut la terre de CROY. Il résulta naturellement de ce nouvel état de choses, que Marc ajouta habituellement le nom de CROY à son véritable nom qui était Hongrie, tandis que Félix y joignait plus souvent celui de CHANEL, à cause de cette terre qui resta plus de trois siècles dans sa famille. Il mourut en 1285, environ dix-sept avant son père et laissa de son mariage.

1o Antoine de Hongrie, qui suit.

2o André de Hongrie, dit CROY-CHANEL.

3o Jean de Hongrie, dit de CROY-CHANEL, archevêque d'Embrun.

V.

ANTOINE de HONGRIE (1), dit de CROY-CHANEL, co-seigneur d'Allevard, qualifié dans son obit *de militis nobilissimi.*

(1) Filiation prouvée par le susdit acte de partage du 9 février 1282. Par l'acte de 1309. Ind. 7, par celui du 16 juin 1316. Ind. 14. Son mariage prouvé par le susdit acte de 1309. Jud. 7.

Il rendit différents services au Dauphin de Viennois, Jean II et épousa Ambroisie de Commiers, de laquelle il laissa :

1° Pierre de Hongrie, qui suit.

2° Jean de Hongrie, dit de CROY-CHANEL, chevalier, marié à Isabeau de CROY, dame de Clary, petite-fille d'Enguerrand, sire de CROY et d'Hélène son épouse.

C'est lui que Jean Scohier (1) suppose fils de Jacques de CROY, et d'une Marie de Pecquigny, mariés en 1313, et qu'il prétend mal à propos être l'auteur de la branche de CROY-CHANEL. (Saint-Allais, nobiliaire universel de France, tome 1. in-8° Paris).

3° Humbert de Hongrie, dit de CROY ou de *Cruce*, qui fut sénéchal ou grand-maître d'hôtel de la dauphine Beatrix, en 1334, et sénéchal du dauphin Humbert II, en 1335. (Histoire du Dauphiné, par M. de Valbonnais, tome 2, pages 281 et 323)

4° Simond de Hongrie, dit de CROY ou de *Cruce*, qui se trouve en armes au camp rassemblé devant Miribel, proche la grande Chartreuse, le 6 avril 1348.

VI.

PIERRE de HONGRIE, (2), dit de CROY-CHANEL, chevalier seigneur de la tour d'Allevard, épousa le 9 décembre 1308, Agnès de Sassenage, de Veracieu, fille d'Othomard de Sas-

---

(1). Descente et Généalogie de la très-illustre maison de CROY. Jean Scohier Beaumontais. D. in-4°. Douai, 1589.

(1). Filiation prouvée par le contrat de mariage dudit Pierre du 9 décembre 1308, par l'acte du 27 mai 1331. ind. 14 ; par acte de fondation à la Chartreuse de St-Hugon, du 2 juillet 1330. Ind. 13, par l'acte du 4 février 1327. Ind. 10.

senage et de Louise de Savoie. Il est qualifié dans son contrat de mariage, de *Cousin de Béatrix de Hongrie*, femme du dauphin de Viennois. Jean II... Illustrissimam et magnissimam dominam nostram Beatricem Hungarie et dictum illustrem dominum futurum conjugem ambos a sanguine Regio Hungarie processos.

Il se trouva à la bataille de Varey, 13 août 1325, où il fit prisonnier et obtint de suite la liberté du comte Édouard de Savoie, son ami et son allié.

Il eut de son mariage :

1° Guillaume dont l'article suit.

2° Aimond de CROY, chevalier, cité avec cette qualité dans le testament de sa belle-sœur Jeanne de Pons de Bergerac, du 1er oct. 1349.

VII.

GUILLAUME de CROY-CHANEL, (1) chevalier, seigneur d'Allevard, tué à la bataille de Crécy, le 26 août 1346, avait épousé Jeanne de Pons de Bergerac, d'une ancienne et illustre famille de Poitou, il en eût :

1° Aimond de CROY-CHANEL, chevalier mort sans hoirs.

2° Jean Ier de CROY-CHANEL, qui suit.

3° Anne de CROY-CHANEL.

---

(1). Filiation prouvée par acte précédent du 2 juillet 1330. Ind. 13. Par acte du 9 février 1334, Ind. 6. Par testament de Jeannette de Pons, sa veuve, du 1er décembre 1349. Ind. 2. Par la quittance passée à Hector, le 29 juin 1489. Ind. 7. Par les actes du 17 octobre 1340. Ind. 8, 26 novembre 1340. Ind. 8. 7 mai 1341. Ind. 9. 17 octobre 1341. Ind. 9. Son mariage est prouvé par le susdit testament.

VIII.

JEAN Ier de CROY-CHANEL, (1) fut fait chevalier sur le champ de bataille à Rosebeck le 27 novembre 1382, par Louis II, duc de Bourbon et comte de Clermont, devant lequel il avait vaillamment combattu. Il avait épousé Richarde de Mailles, de laquelle il laissa :

1° Jean II de CROY-CHANEL, qui suit.

2° Jeanne de CROY-CHANEL, mariée à Robert de Mainterne seigneur de Ruffin.

IX.

JEAN II de CROY-CHANEL, (2) chevalier, seigneur de la Tour d'Allevard, fit la guerre à Thibault de Rougemont, archevêque de Vienne, conjointement avec Guy et Jean de Torchefelon, de 1402 à 1405. Il eut de son mariage avec Jeanne du Peloux.

Rodolphe de CROY-CHANEL qui suit.

X.

RODOLPHE de CROY-CHANEL, (3) chevalier, seigneur

(1). Filiation prouvée par le susdit testament de Jeannette de Pons. Par les actes du 19 juin 1380. Ind. 3. 25 février 1385. Ind. 8. 29 juin 1489. Ind. 7 Son mariage prouvé par la susdite quittance passée à Hector le penultième du mois de juin 1489. Ind. 7.

(2) Filiation prouvée par la quittance du 8 février 1401. Ind. 9. Par la lettre originale du 22 avril 1404. Par l'acte du 28 décembre 1416. Ind. 9. Le testament de Rodolphe qui suit, du 7 avril 1443. Ind. 6; et la susdite quittance passée à Hector le 29 juin 1489. Ind. 7. Son mariage prouvé par la susdite quittance de tutelle du 8 février 1401. Ind. 9.

(3). Filiation prouvée par l'acte du 15 août 1439. Ind. 2. Par son testament du 7 avril 1443. Ind. 6. Par l'acte pour les réparations du pont d'Allevard, du 24 août 1434. Ind. 12. Son mariage prouvé par le susdit acte de quittance de sa dot du 15 août 1439. Ind. 2.

et châtelain Delphinal d'Allevard; ce fut sous son administration que l'on joignit ses armes avec celles de la Chatellenie, comme le témoigne un sceau en fer qui s'est conservé jusqu'à nos jours. Il est qualifié noble et puissant homme dans une procédure de 1434, et dans son testament du 7 avril 1443. Il avait épousé Marguerite du Claux, dont sont issus :

1° Hector de CROY-CHANEL qui suit.

2° André de CROY-CHANEL.

3° Claude de CROY-CHANEL, qui eut en partage avec son frère André, les biens et la terre de Chanay, situés à Bellecombe.

4° Beatrix de CROY-CHANEL, religieuse dans l'ordre de St-Dominique, à Mont-Fleuri près Grenoble.

XI.

HECTOR de CROY-CHANEL, (1) chevalier, co-seigneur de la tour d'Allevard. Il rendit un service important à l'état en sauvant Louis XI, alors dauphin, des mains du comte de Dammartin, celui-ci avait été envoyé par Charles VII, son père à l'effet de s'assurer de sa personne au château de

(1). Filiation prouvée par le susdit testament de Rodolphe, du 7 avril 1443. Ind. 6. par la lettre originale du 14 février 1457, qui fait mention du service rendu par le dit Hector, au dauphin Louis XI. Par actes du 10 juin 1462. Ind. 10. Du 22 novembre 1464. Ind. 12; du pénultième juin 1489. Ind. 7. Par la lettre originale du 23 février 1481, qui confirme que la maison de CROY-CHANEL et celle des princes de CROY ont la même origine; mais principalement et notamment par le testament dudit Hector, du 28 décembre 1488. Ind. 6, lequel fait mention de l'acte du 1er mars 1279, ci-dessus énoncé, confirme les émaux du sceau appendu, rappelle la croisade de André II, et lègue la croix que ledit André II avait fait bénir sur le saint-Sépulcre. Son mariage prouvé par le susdit testament.

Monteiller (à 3 lieues à l'est de Valence). Averti à temps par Hector, le dauphin put gagner les montagnes du Jura, d'où il se rendit auprès du duc de Bourgogne, son oncle. Hector n'en prit pas moins part à la guerre dite du bien public, et se trouva à la bataille de Montlhéry, le 26 juillet 1465. Il fut ensuite nommé par le duc de Bourgogne, gouverneur et conservateur de la paix pour la Chatellenie de Bar-sur-Seine, ce que Louis XI ratifia dans une trève conclue avec le duc de Bourgogne, le 13 septembre 1475.(Mémoires d'Olivier de la Marche, Lyon, 1562 page. 397).

Il épousa Catherine de Guiffrey du Freney, dont un neveu est connu dans les mémoires du chevalier Bayard, sous le nom du brave de Bottières. Il testa le 28 décembre 1488, laissant de son mariage :

1° Jean III de CROY-CHANEL, qui suit.

2° Catherine de CROY-CHANEL, mariée à Guillaume du Peloux d'Allevard.

XII.

1° JEAN III de CROY-CHANEL. (1) chevalier, épousa en 1488 Michelle de Grolée de Viriville, petite-fille de Marguerite de Levis de Mirepoix qui avait épousé en 1450. Méraud de Grolée, seigneur de Viriville et de Château-Vilain.

De ce mariage il eut ;

1° Louis-George de CROY-CHANEL, qui suit.

(1) Filiation prouvée par le susdit testament d'Hector, du 22 décembre 1488, Ind. 6. Par les actes du 6 juin 1494, ind. 12. Du 5 août 1528. Du 9 mai 1530. Son mariage prouvé par ledit testament d'Hector, et celui de Louis-George, son fils.

XIII.

LOUIS GEORGE de CROY-CHANEL, (1), qui fut capitaine des gendarmes de Gaspard de Coligny. Il se signala à la bataille de Cerisoles, le 14 avril 1544. Coligny lui-même rendit un témoignage éclatant de sa valeur, en disant qu'il n'y avait pas de plus vaillant et soigneux capitaine. (Lettre missive et originale de Jean IV de CROY-CHANEL à son père.) Il avait épousé Charlotte de Guers, fille d'Eustache de Guers, chevalier, seigneur de Castelnau. de laquelle il eut :

1° Jean IV de CROY-CHANEL, qui suit.

2° Claude Guignes de CROY-CHANEL, marié à Aimonette de Salvaing.

3° Jean de CROY-CHANEL, chevalier de l'ordre de St-Jean de Jérusalem, assista à la bataille de Zoaro (province de Tripoli) le 14 août 1552, où il dit : « avoir occis pour sa part « dix-sept Maures. » (Lettre originale à sa mère).

4° Catherine de CROY-CHANEL.

XIV.

JEAN IV de CROY-CHANEL, (2) fut fait prisonnier à la

(1) Filiation prouvée par l'acte susdit de donation du 9 mai 1530, par l'acte du 16 août 1537. Par le testament de Louis-George du 8 novembre 1537, dans lequel il lègue encore ladite croix d'or bénite sur le saint Sépulcre. Par la lettre originale du 21 février 1561. Par les actes du 8 août 1542. Du 9 décembre 1560. Du 8 mai 1541. Ces 3 derniers actes sont en français, et à partir de cette époque, tous les actes sont rédigés en français. Son mariage prouvè par le testament du susdit Louis-George.

(2) Filiation prouvée par le susdit testament de Louis-George. Par l'acte du 8 mai 1543. Par les deux lettres originales du 11 septembre 1553 et 30 août 1557. Par le testament de sa sœur, Catherine, du 1er février 1568. Son mariage prouvé par les susdits testaments de Louis-George et Catherine, et le contrat de mariage de son fils Claude.

bataille de Saint-Quentin, le 10 août 1557, où il reçut plusieurs blessures à la tête et aux bras, Mis à rançon, Il obtint sa liberté avec cinq autres chevaliers de Dauphiné, (Lettre de Jean IV de CROY-CHANEL à son père, déjà citée).

Il avait épousé Florence de Pellet de la Vérune-Narbonne, des vicomtes de Narbonne, comtes de Melgueil et seigneurs d'Alais dont il eut :

1° Claude Ier de CROY-CHANEL, qui suit.

2° Jean de CROY-CHANEL, nommé au contrat de mariage de son frère.

XV.

CLAUDE Ier de CROY-CHANEL, (1) capitaine de deux cents hommes d'armes, dans le régiment de François du Puy, par brevet du 22 mai 1594 fut un de ceux qui contribuèrent le plus à la prise du fort de Barraulx, le 15 mars 1598; comme le prouve cette lettre originale du connétable de Lesdiguières :

« Je n'ai pu jusqu'à cette heure, monsieur, vous témoigner
« mes sentiments de contentement et de satisfaction sur
« votre si bonne conduite en la prise de ce fort de Barraulx
« en laquelle vous avez le plus contribué par votre prudence
« valleur et activité.... Je vous aurais fait expédier sur le
« champ des lettres de noblesse, si n'estait notoire que vos
« ancêtres en octroyaient aux autres, et puisque ne puys

---

(1). Filiation prouvée par le susdit testament de son aïeul Louis-George. Par le contrat de mariage dudit Claude, du 18 février 1565. Par son brevet de capitaine du 22 mai 1594. Par la lettre originale du duc (depuis connétable) de Lesdiguières, du 20 avril 1598. Son mariage prouvé par le susdit contrat de mariage et l'acte de baptème du 24 décembre 1575, extrait des registres de la paroisse de Saint-Marcel d'Allevard.

« ainssy recognoistre le grand et bon service qu'avez rendu
« au roy en cette occasion, je vous prie m'aider à trouver
« celle de servir à votre avancement et suis, de toute mon
« âme. Votre affectionné ami.
 « De Grenoble, ce 20 avril 1598.

Signé : « Lesdiguières. »

Il avait épousé le 18 février 1565,
Catherine de Charra, fille de Jacques de Charra et de
Jeanne d'Hostun, dite de Claveson, dont il il eut :

1º Philibert de CROY-CHANEL, qui suit.

2º Laurent de CROY-CHANEL, né le 24 décembre 1575.

XVI.

PHILIBERT de CROY-CHANEL, (1) né le 12 novembre
1574, épousa le 8 septembre 1601 Clermonde-Hélène du
Faure-de-Vercors, fille d'Antoine du Faure de Vercors et
de Louise d'Urre. Il eut pour fils.

1º François-Laurent de CROY-CHANEL, qui suit.

2º Jean de CROY-CHANEL.

XVII.

FRANÇOIS-LAURENT de CROY-CHANEL, (2) fut capitaine

---

(1). Filiation prouvée par le susdit acte de baptême, extrait des
registres de Saint-Marcel d'Allevard, du 12 novembre 1574. Par
son contrat de mariage du 8 septembre 1601. Par la quittance de
la dot de sa femme du 3 août 1602. Son mariage prouvé par ledit
contrat et ladite quittance.

(2). Filiation prouvée par son acte de baptême du 30 décembre
1603. Par l'acte du 20 avril 1621. Par son contrat de mariage du
16 février 1625. Par son brevet de major du fort de Barrault, du
20 mars 1642, et par les lettres parties du 22 novembre 1664. Par
l'acte de transaction entre lui et son fils, du 2 février 1670. Son
mariage prouvé par le susdit contrat de mariage.

de cavalerie dans le régiment de Fimarcon, et servit avec
distinction dans les guerres des Pays-Bas, de l'année 1641.
Il fut ensuite créé Major-commandant du fort de Barrault,
par brevet du 20 mars 1642, en considération de ses services et de ceux que son aïeul avait rendu à l'état lors de la
prise de ce fort. Il avait épousé le 16 février 1625, Antoinette
d'Armand de Grisac, fille d'Antoine d'Armand de Grisac et
de demoiselle de Bomme, dont sont issus :

1° Claude II de Croy-Chanel, qui suit.

2° Marc-Hector de Croy-Chanel, capitaine de cavalerie
au régiment de Fimarcon. Il fit ses preuves de noblesse devant Mr du Gué, intendant de Dauphiné, et en eut acte le
26 octobre 1668.

XVIII.

CLAUDE II, de CROY-CHANEL, (1) capitaine d'infanterie
au régiment de Vannicelli, par brevet du 28 octobre 1654.
S'étant infiniment attaché à Anne Dauvet qu'il épousa ensuite
il quitta le service du roi et sa charge de capitaine, pour ne
pas s'en séparer ; alors il fut exhérédé par son père qui ne
lui laissa qu'une pension viagère et donna tous ses biens à
son frère Marc-Hector, capitaine de cavalerie.

Il avait épousé le 5 octobre 1671, Anne Dauvet, du sur-
nom de la Frette, à cause de quelques biens situés à la

---

(1). Filiation prouvée par l'acte de baptême du 5 avril 1626.
Extrait des registres de Saint-Hugues de Grenoble. Par sa com-
mission de capitaine d'infanterie du 28 octobre 1654. Par l'acte de
transaction entre lui et son père du 2 fevrier 1670. Par le contrat
de mariage du 3 octocre 1671. Par le bail à ferme du 21 août 1679
Par son testament du 5 novembre 1683, et par l'acte de sa sepul-
ture à Saint-André, le 15 janvier 1684. Son mariage prouvé par
les susdits contrat de mariage et testament.

Frette. qui lui venaient de Jacqueline de Gruel. Elle était fille de noble Pierre Dauvet et de Louise-Marie-Mion d'Auvillar.

Claude eut de ce mariage :

1° Claude III de CROY-CHANEL, qui suit.

XIX.

CLAUDE III de CROY-CHANEL, (1) seigneur de la maison forte d'Hortal d'Argenson, (terre située à Uriage), servit d'abord dans les gens d'armes du duc de Berry en 1697. Sous les ordres de son oncle François-Joseph de Grolée, comte de Viriville ; capitaine-lieutenant de cette compagnie, il fut ensuite capitaine dans le régiment de Dauphin-infanterie. Blessé le 4 octobre 1712 au Quesnoy, sous les ordres du maréchal de Villars, il quitta le service, et mourut à Grenoble le 13 décembre 1746.

Il épousa le 20 août 1713 Élisabeth Pison de Maupas, Il eut de ce mariage :

1° Jean-Claude de CROY-CHANEL, qui suit.

2° François-Nicolas de CROY-CHANEL, chef de la seconde branche de la maison de Hongrie de CROY, rapportée ci-après.

3° François-Paul de CROY-CHANEL, religieux, prieur dans l'ordre des frères prêcheurs.

---

(1). Filiation prouvée par son acte de baptême du 30 janvier 1677, extrait des registres de Saint-Hugues de Grenoble. Par le testament de son père. Par son congé de gendarme du 20 janvier 1697. Certificat de MM. les officiers du bureau de l'election de Grenoble du 9 décembre 1723. Par l'acte du 28 mars 1738. Par son testament olographe du 11 juillet 1742. Par l'acte de sa sépulture du 13 décembre 1746. Son mariage prouvé par l'acte de bénédiction de mariage aux registres de la paroisse Saint-Hugues du 19 novembre 1713.

XX.

JEAN-CLAUDE de CROY-CHANEL, (1) épousa le 28 janvier 1744, Françoise de la Croix de Roussillon, fille de Joachim de la Croix de Roussillon, capitaine de cavalerie, chevalier de Saint-Louis, et de Marie-Anne Robert. Il eut :

1° Claude IV de CROY-CHANEL, qui suit.

XXI.

CLAUDE IV de CROY-CHANEL, capitaine de dragons par brevet du 6 octobre 1778. Il avait épousé Elisabeth de Naulot, fille de Gaspard Naulot et d'Elisabeth de Guibert, dont il eut :

1° Claude François de CROY-CHANEL, qui suit.

2° Françoise-Julie de CROY-CHANEL, mariée le 15 septembre 1788, à noble Gaspard de Lambert d'Hautefare.

3° Justine-Clémence de CROY-CHANEL.

4° Marie Elisabeth de CROY-CHANEL, mariée le 20 août 1789 à noble Luc-Xavier d'Allemond, seigneur du monestier d'Allemond et de la Queylane.

XXII.

CLAUDE-FRANÇOIS, Comte de CROY-CHANEL, né à Saint-Domingue, le 12 juillet 1774, fut nommé en 1804 chambellan de Napoléon Ier. Il reçut en 1810 des lettres patentes du titre de comte, qu'il avait obtenu par décret du 3 décembre 1809. Chevalier de la légion d'honneur et de la couronne de fer, etc... Il avait épousé 1° le 11 novembre 1790

---

(1). Les générations suivantes sont trop récentes pour que nous apportions les preuves à l'appui.

Anne-Charlotte-Gabrielle-Pétronille-Joséphine d'Aguesseau, décédée le 26 janvier 1806, fille de Charles-Albert-Xavier, marquis d'Aguesseau, maréchal de camp, cordon-rouge, major-général des gardes du corps, gouverneur de Ham, etc, dont il n'est point resté d'enfants ; 2° le 11 septembre 1811 Marie-Eugénie Remond de Montmort. fille de Jean-Louis Remond, marquis de Montmort, maréchal de camp, lieutenant des gardes du corps, dont il eut :

1° Caroline, comtesse de CROY-CHANEL, mariée le 7 juin 1836 au baron Alexandre de Romeuf, fils du baron de Romeuf, maréchal de camp.

Seconde branche, prise du dix-neuvième degré.

XXIII.

FRANÇOIS-NICOLAS de CROY-CHANEL, second fils de Claude de CROY-CHANEL, 3ᵐᵉ du nom et d'Elisabeth Pison, seigneur de la maison forte d'Hortal d'Argenson, par testament de son père du 11 juillet 1742. Il avait épousé 1° Claudine de Chabert-Baile, dont il n'eut qu'un fils, mort sans héritiers.

2° Le 14 juin 1753. Françoise-Marguerite de Samuel, fille de Claude de Samuel et d'Emerantianne de Nantes, fille de Claude de Nantes, brigadier des armées du roi. De ce mariage sont issus :

1° Claude-François de CROY-CHANEL, qui suit.

2° Claude-Henri de CROY-CHANEL. chef de la troisième branche de la maison de Hongrie de CROY-CHANEL, rapportée ci-après.

3° François-Zacharie de CROY-CHANEL, capitaine dans le corps royal du génie, par brevet du 15 décembre 1786. Il avait émigré en 1792 et pris du service en Prusse. Ayant été fait prisonnier par les Français, il fut fusillé à Metz en 1793.

4° Marie-Emerantianne de CROY-CHANEL, sans alliance.

5° Julie-Marguerite-Magdeleine de CROY-CHANEL, morte le 7 octobre 1803.

XXIV.

CLAUDE-FRANÇOIS de CROY-CHANEL, de HONGRIE, seigneur de la maison forte d'Argenson, officier à l'armée de monseigneur le duc de Bourbon, dans la compagnie noble dauphinoise. Il fut nommé conservateur des eaux et forêts par l'Empereur à Grenoble, puis sous la restauration à Laon, où il mourut à l'âge de 84 ans, le 3 décembre 1837. Chevalier héréditaire de l'ordre de Malte et de la Légion-d'honneur etc..., il avait épousé le 25 mars 1793 Marie-Charlotte de Bagel d'Urfé, fille du baron Bagel d'Urfé. De ce mariage :

1° François-Claude-Auguste de CROY-CHANEL, de Hongrie, qui suit.

2° Pierre-Paul-François-Martin de CROY-CHANEL de Hongrie, mort le 18 avril 1805.

3° François-Nicolas-Jean-Henri comte de CROY-CHANEL de Hongrie, né le 22 mai 1799, s'est fixé en Hongrie, où il a obtenu le titre de magnat hongrois par décision unanime (284 voix sur 286 votants) des députés de la Hongrie, en date du 27 octobre 1844. Il épousa 1° Le 21 septembre 1821 Julie Tschitschakoff, fille de l'amiral russe de ce nom. dont :

(*a*). Frédéric de CROY-CHANEL, né le 18 mars 1823
ancien lieutenant de hussards, marié en 1848 à Thérèse de
Gyuresany, dont :

1° Marguerite, née le 15 mars 1850.

2° Etienne, né le 18 septembre 1852.

(*b*). Charles de CROY-CHANEL, né le 5 décembre 1824.
Capitaine de uhlans, aide de camp de S. M. l'empereur
d'Autriche François-Joseph, etc...

(*c*). Gustave de CROY-CHANEL, né le 21 décembre 1830,
lieutenant de vaisseau au service de France.

(*d*). Guillaume de CROY-CHANEL, né le 16 janvier 1836,
lieutenant de uhlans.

(*e*). Henriette de CROY-CHANEL, née le 24 avril 1839,

Il épousa en secondes noces lady Emilia Cor, fille du
général anglais sir W. Cor.

2° Auguste-François de CROY-CHANEL, né en 1813.

3° Françoise-Pauline-Emerantianne de CROY-CHANEL, née
le 31 août 1804, mariée au marquis Edouard de Ferrières-
Sauvebeuf, dont un fils :

(*a*). Ludovic de Ferrières-Sauvebeuf, marié à sa cousine
Charlotte, princesse de CROY-CHANEL, le 7 mars 1857.

XXV.

FRANÇOIS-CLAUDE-AUGUSTE, Prince de CROY-CHANEL
de Hongrie chevalier de Malte, de Saint-Louis, commandeur
de Saint-Grégoire-le-Grand, naquit à Duisbourg, en Prusse
le 31 décembre 1793, pendant l'émigration. En 1814, il
entra dans les gardes du corps où il servit jusqu'en 1817. Il
se lança alors dans la carrière politique et se distingua d'une

façon particulière dans les affaires de Grèce en 1821, dans celles d'Espagne en 1823, et dans les négociations relatives à l'établissement du frère du roi d'Espagne sur le trône du Mexique. Il obtint des lettres de naturalisation de prince romain par bref du pape Pie IX, daté du 28 janvier 1848. Il épousa : 1° Louise de Montmort, veuve du marquis de Ferrières Sauvebeuf, dont il n'est point resté d'enfants.

2° Mademoiselle de Costa dont il a :

(*a*). Marie-Elisabeth, princesse de CROY-CHANEL, religieuse de l'ordre de Notre-Dame de Sion.

(*b*), Charlotte, princesse de CROY-CHANEL, mariée à son cousin, le marquis Ludovic de Ferrières-Sauvebeuf, le 5 mars 1857.

Troisième branche, prise du vingtième degré.

XXVI.

CLAUDE-HENRI, comte de CROY-CHANEL, de Hongrie, né le 15 juillet 1764, entra au service comme élève du corps royal d'artillerie en 1782. Il fut un des premiers élèves du fameux Bezout, camarade d'école des généraux Sorbier, Pernetty, Caulaincourt, etc..., il en sortit avec le numéro 2, et fut nommé en 1783, lieutenant en second des cannoniers de Rodays, dans le régiment de Besançon artillerie. En 1787, lieutenant en premier des cannoniers de Fontenay, dans le même régiment ; le 1er avril 1790, capitaine au régiment de Toul-artillerie. En 1791, il fut appelé à commander l'artillerie à Arras, mais il fut bientôt forcé d'émigrer, et fit toute la campagne de 1792, a l'armée de monseigneur le duc de Bourbon, dans la compagnie de cavalerie des gentilshommes de Dauphiné. Entré alors dans l'armée de monseigneur le prince de Condé, il en fit partie jusqu'à son licenciement. A l'armée de Condé, son identité et ses titres antérieurs furent reconnus sur la déclaration et attestation de cinq gentilshommes : le vicomte de Vaulx, le comte du Bouchage, le chevalier de Presle, le chevalier de Lagrée, le chevalier de Houdetot, certifiés tels par le cardinal de Montmorency, grand aumonier de France et le maréchal duc de Broglie.

Rentré en France il occupa successivement les fonctions de maire de Treux, de sous-préfet de Douai, par décret du 24 juillet 1811. Membre de plusieurs sociétés savantes, chevalier héréditaire de Malte, il obtint en 1816 la croix de Saint-Louis, et fut proposé pour le grade de maréchal de camp. M. de CROY, fut autorisé par décret du 6 novembre 1809 de S. M. l'empereur à instituer dans sa famille un majorat, auquel était attaché le titre de Comte. Il mourut le 13 janvier 1843, ayant épousé le 18 mai 1801, Anne-Gabrielle-Joséphine Roussel de Belloy, fille de Pierre, chevalier de Belloy, seigneur de Dromesnil, maréchal de camp, appartenant à la famille qui fonda la rosière de Salency, et de Anne–Thérèse-Perpétue de Bery d'Esserteaux. Il eut de ce mariage :

1° André – Raoul – Claude – François - Siméon , comte de CROY-CHANEL, qui suit.

XXVII.

ANDRÉ-RAOUL-CLAUDE-FRANÇOIS-SIMÉON, comte de CROY-CHANEL de Hongrie, né à Amiens le 18 février 1802, est chevalier héréditaire de l'ordre de Malte, membre du conseil général du département d'Indre-et-Loire depuis 20 ans. Littérateur distingué. M. de CROY a publié entre autres ouvrages ; des études historiques et statistiques sur la Touraine , une Histoire de Louis XI et du Plessis-lès-Tours ; l'Avenir forestier de la France ; Souvenirs de voyage ; Les rives de la Vienne, etc... Membre de la Société des antiquaires de l'Ouest, de Picardie, de la Société d'acclimation, et d'un grand nombre de Sociétés savantes. M. de CROY s'est toujours occupé avec succès de recherches historiques, de beaux-arts, de peinture, etc. etc...

Il a épousé le 9 janvier 1825 Victorine de Voyer d'Argenson, née le 12 juillet 1804, fille de Marc-René de Voyer marquis d'Argenson, ancien préfet des deux-Néthes, ancien député, et de Sophie de Rosen Kleinroop, veuve du prince Victor de Broglie, dont il a 4 enfants :

1o Marc-Henry de CROY-CHANEL, né le premier janvier 1827, marié le 22 avril 1849, à Isabelle Luce de Trémont.

2o Pierre-René de CROY-CHANEL, né le 24 juillet 1828, secrétaire d'ambassade, officier de l'ordre du medjidié, chevalier de Saint-Olaf de Norwège, etc.

3o Eugène-Claude-Victor de CROY-CHANEL, né le 17 avril 1837, entré à St-Cyr en 1857, sous-lieutenant au 10me de cuirassiers, par décret du 2 novembre 1859.

4o Claire-Marie-Gabrielle de CROY-CHANEL, née le 17 juillet 1830, mariée le 2 juillet 1850 à Allyre-Charles-Augustin, comte de Sarrazin. dont :

(a). Raoul de Sarrazin, né le 19 mars 1852,

(b). Adrien de Sarrazin, né le 8 août 1858.

III.

ALLIANCES.

A.

Aguesseau, (marquis d').

Claude-François, comte de CROY-CHANEL, chambellan de Napoléon Ier avait épousé Anne-Charlotte-Gabrielle-Joséphine d'Aguesseau , fille de Charles-Albert-Xavier , marquis d'Aguesseau, officier général des gardes du corps, gouverneur de Ham, etc...

Aigle (Des Acres, comte de l').

Constance. princesse de Broglie, fille de la marquise d'Argenson, est mariée à Victor des Acres, comte de l'Aigle, dont ;

1° Henri, comte de l'Aigle, député, marié à mademoiselle de Celles.

2° Jules, comte de l'Aigle, marié à mademoiselle Germain.

3° Blanche de l'Aigle, mariée au comte de Mosges.

Allemond (de la Queylane d').

Marie-Elisabeth de CROY-CHANEL, épousa le 20 août 1789 Luc-Xavier d'Allemond de la Queylane.

Arnaud d'Andilly, (marquis de Pomponne.)

Constance Colbert de Torcy, comtesse de Mailly, mère du marquis de Voyer d'Argenson , était fille de Catherine-Félicité Arnaud de Pomponne, fille du marquis de Pomponne, ministre des affaires etrangères sous Louis XIV.

Argenson, (de Voyer, marquis d').

André - François – Claude -Siméon–Rodolphe , comte de CROY-CHANEL, a épousé le 9 janvier 1825 Victorine de Voyer d'Argenson, fille de Marc-René de Voyer, marquis d'Argenson, ancien député et petit-fils du comte d'Argenson ministre de la guerre et de Sophie de Rosen Kleinroop.

Aumont, (duc d').

Louis d'Aumont, marquis de Villequier, duc d'Aumont, avait épousé en 1690 Olympe de Brouilly, arrière petite-fille d'Antoine III de Brouilly, marié à Charlotte d'Aumale-Aucourt et dont une autre petite–fille, Jeanne de Brouilly, avait épousé en deuxième noces en 1626, Imbert de Bery d'Esserteaux, dont descend André-Rodolphe, comte de CROY-CHANEL. (*Voir Esserteaux*).

B.

Bagel d'Urfé, (baron de).

Claude-François de CROY-CHANEL, conservateur des eaux et forêts, avait épousé en 1793 Marie-Charlotte de Bagel d'Urfé.

Balleroy, (Lacour, marquis de.)

Allié par les Caumartin.

Beaufort, (comte de).

Caroline Le Clerc de Juigné, cousine du comte de CROY a épousé le comte de Beaufort dont une fille mariée à M. le baron de Coriolis d'Espinouse. (*Voir Juigné*).

Beauvau, (prince de).

Jacques de Voyer, vicomte de Paulmy, marié en 1638 à Françoise de Beauvau.

Belloy, (Roussel, comte de).

Claude-Henri, comte de CROY-CHANEL, chevalier de Saint-Louis, officier supérieur d'artillerie avait épousé en 1801 Anne-Gabrielle-Joséphine Roussel de Belloy, fille de Pierre Roussel de Belloy, maréchal de camp, et de Anne-Thérèse-Perpétue, Claude de Bery d'Esserteaux.

Beranger, (marquis de).

Allié par les Sassenage. (*Voir Sassenage*).

La dernière héritière de la maison de Sassenage a épousé sous le règne de Louis XV, le marquis de Béranger, chevalier des ordres du roi, sa sœur était mariée au marquis de Talaru.

Bernage (de).

Madeleine de Voyer d'Argenson, mariée en 1645 à Jean de Bernage, seigneur d'Avrigny, fut mère de M. de Bernage, prévot des marchands de la ville de Paris.

Betz, (de).

Pierre de Voyer, seigneur de Paulmy, marié en 1434 à Marguerite de Betz.

Bourbon-Busset, (comte de).

Adrienne de Mailly, nièce de la marquise de Voyer d'Argenson a épousé le comte de Bourbon-Busset Lignières.

Bourbon.

Fragment généalogique établissant l'alliance au 10ᵐᵉ degré entre les familles de Bourbon et de CROY-CHANEL.

—

Bourbon, (François, comte de Vendôme).

François de Bourbon, comte de Vendôme, marié en 1487, à Marie de Luxembourg, comtesse de St-Paul.

I   *dégré.*

Frères,

| Charles de **Bourbon**, duc de Vendôme. | François de Bourbon, duc d'Estouville, marié avec Adrienne, duchesse d'Estouville. |

II   *dégré.*

Cousins Germains.

| Antoine de **Bourbon**, duc de Vendôme, roi de Navarre.. | Marie de Bourbon, dame du duché d'Estouville. mariée en 1593 avec Léonor d'Orléans, duc de Longueville. |

III   *dégré.*

Cousins issus de Germains.

| Henri IV. | Eléonor d'Orléans Longueville, comtesse de Gacé, mariée en 1596 à Charles de Goyon de Matignon, comte de Thorigny, et par sa femme comte de Gacé. |

IV   *dégré.*

Louis XIII.

François de Goyon de Matignon, comte de Thorigny et de Gacé, marié en 1631 à Anne Malon de Bercy.

V   *dégré.*

Louis XIV.

Charles – Auguste Goyon de Matignon, comte de Gacé, marié en 1681 à Marie Elisabeth Berthelot.

VI   *dégré.*

Le Dauphin.

Marie-Thomas-Auguste Goyon de Matignon, comte de Gacé, marié en 1720 à Edme Charlotte de Brenne.

VII   *dégré.*

Le duc de Bourgogne.

Marie - Antoinette Goyon de Matignon, mariée en 1743 à Claude Constant Esprit Jouvenel des Ursins d'Harville, marquis de Traisnel.

VIII   *dégré.*

Louis XV.

Marie-Antoinette-Louise Esprit Jouvenel d'Harville des Ursins, mariée au comte de Rosen Kleinroop.

IX   *dégré.*

Le Dauphin.

Sophie de Rosen Kleinroop, mariée en 1795 à Marc–Marie–René de Voyer, marquis d'Argenson.

X.   *dégré.*

Charles X.

Victorine de Voyer d'Argenson, mariée en 1826, à André-Rodolphe-Claude-François – Siméon, comte de CROY-CHANEL.

dont :

H. de CROY, R. de CROY, E. de CROY, Claire, comtesse de Sarrazin.

Bournonville, (Moret de).

La grand-mère maternelle de M. le comte de CROY était Anne–Thérèse-Perpétue-Claude de Bery d'Esserteaux, petite-fille de Christophe de Bery. marquis d'Esserteaux qui avait épousé Louise Moret de Bournonville, dont la sœur épousa le marquis de Chamborant, et la nièce Jean-François de la Myre comte de Maury.

Broc, (comte de).

Mademoiselle Dufresnes de Beaucourt a épousé M. Léonce comte de Broc. Elle était veuve en premières noces du comte Henri de Galway. Sa mère Adélaïde de Bery d'Esserteaux, mariée à M. Dufresne de Beaucourt, était cousine germaine de madame de CROY, née de Belloy.

Broglie, (duc de)

Sophie de Rosen, mariée en secondes noces au marquis d'Argenson, était veuve en premières noces de Victor, prince de Broglie, Maréchal de camp, fils ainé du maréchal duc de Broglie De ce mariage est né Victor, duc de Broglie, ancien ministre des affaires étrangères.

Broglie, (prince de Revel).

Armandine de Moges, fille de la marquise de Moges, née princesse de Broglie, et petite-fille de la marquise d'Argenson, a épousé son cousin Octave, prince de Broglie, maréchal de camp, ancien gouverneur de St-Cyr, dont deux fils :

1° Auguste, prince de Broglie, a épousé Pauline de Vidart, fille du vicomte de Vidart.

2° Raymond, prince de Broglie, a épousé Marie de Vidart.

Brouilly, (marquis de Piennes de).

La grand-mère maternelle de M. le comte de Croy, était Anne–Thérèse–Perpétue–Claude de Berry d'Esserteaux dont un des grands-pères, Imbert de Bery, seigneur d'Esserteaux, avait épousé Jeanne de Brouilly, veuve en premières noces de Marc Douglas, seigneur d'Arrancy. La famille de Brouilly s'est alliée aux ducs d'Aumont ; aux marquis de Châtillon ; aux marquis de Gœsbriant ; aux marquis de St-Tropet, aux la Baume, comtes de Suze, etc.. ...

C.

Cadaval, (duc de).

Le duc de Cadaval a épousé mademoiselle de Montmorency-Luxembourg, fille de la duchesse de Luxembourg, née Voyer d'Argenson de Paulmy. La famille de Cadaval est une branche cadette de la maison royale de Portugal.

Carouge , (Le Veneur de Tillers-de-)

Mademoiselle Roussel de Belloy, sœur de M. Roussel de Belloy, officier général, grand'père de M. le comte de CROY, avait épousé M. le Veneur du Tillers-de-Carouge, famille alliée aux Fiesque.

Caumartin (Lefèvre de)

Le garde des sceaux d'Argenson épousa en 1693 mademoiselle de Caumartin.

Chabannes, marquis de Curton (de)

Constance de Voyer d'Argenson, tante de madame de Croy, avait épousé Frederic, comte de Chabannes Curton.

Chabert-Baile, (de)

François-Nicolas de CROY-CHANEL avait épousé en première noces Claudine de Chabert-Baile.

Chamborant (marquis de)

Claude, marquis de Chamborant, lieutenant général des armées du roi, épousa Marie-Anne Moret de Bournonville. sœur de Louise Moret de Bournonville, mariée à Christophe de Bery, marquis d'Essertaux, aïeul de M. de CROY

Chambre (marquis de la)

Félix de Hongrie de CROY-CHANEL, mariée à Guygonne de la Chambre, des comtes de la Chambre de Savoie.

Chaponay, (comte de)

Cécile de Lascours, fille de la baronne de Lascours, née Voyer d'Argenson, a épousé Antoine, comte de Chaponay .

Charra (de)

Claude Ier de CROY CHANEL, capitaine d'armes, épousa le 18 février 1565 Jeanne de Charra d'Hostun. Celle-ci descendait ainsi que Camille d'Hostun, créé duc d'Hostun en 1712 , comte de Tallart et maréchal de France, d'Antoine d'Hostun et de Pauline de Bessey, mariés en 1423.

Chasteigner, (marquis de)

Mademoiselle d'Harville, sœur de la marquise de Rosen et tante de la marquise d'Argenson, avait épousé le marquis de Chasteigner.

Châtillon, (marquis de)

Alexis-Henri marquis de Châtillon, épousa en 1684 Marie-Rosalie de Brouilly, petite–fille d'Antoine III de Brouilly et Charlotte d'Aumale-Aucourt, dont descend M. de CROY , *(voir Brouilly)*. — Son frère, le comte Elzear de Châtillon avait épousé Anne Moret de Bournonville, sœur de Louise Moret de Bournonville, dont la fille épousa le marquis d'Essertaux, *(voir Bournonville)*.

Choisy (Abbé de)

Allié par les Caumartin.

Clau (du)

Rodolphe de CROY-CHANEL , gouverneur d'Allevard , épousa Marguerite du Clau , d'une ancienne famille de Savoie.

Clermont-Tonnerre, (duc de)

Françoise de Beauvau , femme de Jacques de Voyer, vicomte de Paulmy, était fille de Jacques de Beauvau, baron de Rivau et d'Elisabeth de Clermont-Tonnerre.

Clervaux, (comte de)

Amélie de Voyer d'Argenson a épousé en 1853 Jules , comte de Clervaux, des comtes de Clervaux, issus des comtes de Champagne.

Commiers, (de)

Antoine de CROY, de Hongrie, chevalier, épousa Ambroisie de Commiers, fille de Guillaume de Commiers d'Allevard , damoiseau.

Colbert (marquis de Torcy et de Croissy).

La marquise de Voyer d'Argenson , née de Mailly était fille de Constance Colbert de Torcy , fille du marquis de Torcy, ministre des affaires étrangères, et petite-fille de Charles Colbert, marquis de Croissy, ministre des affaires étrangères sous Louis XIV.

Colbert Castle Hill, (baron de)

Mademoiselle de Sandelin, fille de madame de Sandelin . née d'Hericourt (voir *Sandelin et Hericourt*), a épousé le baron de Colbert Castle Hill. Elle a eu deux fillles :

L'une qui a épousé M. de Beberil.

L'autre qui a épousé le comte de Berthoult.

Coigny,)Franquetot duc de)

Marie-Françoise Goyon de Matignon, grand'tante de la marquise d'Argenson , née de Rosen, avait épousé en 1648 Jean-Robert Antoine de Franquetot, comte de Coigny.

Cor, (Sir, baronet)

Le comte Henri de CROY, magnat de Hongrie, a épousé en deuxième noces Lady Emilia Cor, fille du général anglais sir W. Cor.

Couhé Lusignan, (comte de)

Jeanne Gueffault d'Argenson, femme de Jean de Voyer de Paulmy était fille de François, seigneur d'Argenson et de Marguerite de Couhé-Lusignan.

Couronnel, (marquis de)

Fils de la seconde fille de la duchesse de Laval Montmorency, (*voir Laval Montmorency*).

Croix de Rousillon, (de la)

Jean-Claude de CROY-CHANEL épousa Françoise de la Croix de Rousillon, fille de Joachim de la Croix de Rousillon et de Anne Robert,

D.

Dauvet.

Claude II de CROY-CHANEL, capitaine au régiment de Vanicelli, épousa en 1671, le 3 octobre. Anne Dauvet, fille de Pierre Dauvet et de Louise–Mion d'Auvillar. Elle était cousine germaine de Marie–Anne Dauvet, qui fut mariée à Henri de Bethune, comte de Selles.

Des Cars (Perusse duc)

Marie–Antoinette d'Harville de Traisnel, veuve du marquis de Rosen et mère de la marquise d'Argenson a épousé en deuxièmes noces Louis–François-Marie de Perusse, comte Des Cars, premier maître d'hôtel du roi, chevalier des ordres.

Dufresnes de Beaueour,

Adelaïde de Bery d'Esserteaux, cousine-germaine de

madame de Croy, née de Belloy, avait épousé M. Dufresnes
de Beaucourt, dont une fille qui a épousé le comte de Broc
(*voir Broc*).

Du Puy,

Jean de Voyer, seigneur de Paulmy, marié en 1499 à
Louise Du Puy, fille de Guillaume du Puy, seigneur de
Baigneux.

E.

Esclainvillers, (de Séricourt, marquis de)

Charles-Timoléon de Séricourt, marquis d'Esclainvillers,
brigadier des armées du roi, avait épousé Marie-Michelle
de Court de Bonvilliers, nièce de Gabriel de Roussel de
Belloy, qui avait épousé Espérance de Court de Bonvilliers.
La fille du marquis d'Esclainvillers fut la maréchale de
Mailly. (*voir Mailly*).

Esserteaux, (Bery marquis d').

Le grand-père de M. le comte de Croy, Pierre Roussel de
Belloy, maréchal de camp, avait épousé le 17 février 1774
Anne-Thérèze-Perpétue-Claude de Bery d'Esserteaux, fille
de Henri, marquis d'Esserteaux, mestre de camp de cavalerie et de Anne Berbier du Mets de Rosnay, veuve en premières noces du comte de Hautefort.

Gédéon de Roussel, comte de Belloy, oncle de M. de Croy,
épousa sa cousine germaine Fanny de Bery d'esserteaux,
dont :

1° Gaston de Belloy, mariée à mademoiselle de Locher, et
mort en 1855.

2° Camille de Belloy.

·F

Faure.

René de Voyer, marquis d'Argenson a épousé en 1821, Marie Faure, fille de l'ancien député, dont :

1° Laure d'Argenson, mariée au comte de Pully.

2° Aline d'Argenson, mariée au comte d'Ornano.

3ⁱ Amélie d'Argenson, mariée au comte de Clervaux.

4° Marie d'Argenson.

5° René d'Argenson, auditeur an conseil d'État.

Faure de Vercors, (du).

Philibert de CROY-CHANEL épousa le 8 septembre 1601 Hélène du Faure de Vercors, fille d'Antoine du Faure de Vercors et de Louise d'Urre. Elle avait deux sœurs ; l'ainée Jeanne épousa Louis de Raymond de Maubec, qui possédait la seigneurie de Modène, et la cadette épousa François de Guerin, grand-père du cardinal de Tencin.

Ferrières-Sauvebeuf, (marquis de).

Emerantianne de CROY-CHANEL, a épousé le marquis Edouard de Ferrières-Sauvebeuf, dont le fils, Ludovic, marquis de Ferrières-Sauvebeuf a épousé le 5 mars 1857 sa cousine germaine Charlotte princesse de CROY-CHANEL.

Fitz-James, (duc de).

Victoire Goyon de Matignon, sœur de la marquise d'Harville de Traisnel, tante de la marquise de Rosen et grande tante de la marquise d'Argenson, avait épousé en 1741 Charles, duc de Fitz-James maréchal de France.

Floquet de Reals, (de)

Madeleine Bery d'Esserteaux, grande tante de M. le comte de CROY, avait épousé Charles du Floquet de Reals, lieutenant-colonel de cavalerie, dont la fille unique a épousé le comte de Juigné (*voir Juigné*)

Frottier de la Messelière (comte de)

Yolande de Voyer, mariée en 1563 à à Pierre Frottier, seigneur de la Messelière.

G.

Ganay (comte de)

Mathilde des Acres de l'Aigle, petite fille de la comtesse de l'Aigle, née de Broglie, et arrière petite-fille de la marquise d'Argenson, née de Rosen a épousé en 1859 Maurice, comte de Ganay.

Grammont (marquis de)

Reinhold, comte de Rosen, lieutenant-général, bisaïeul de madame d'Argenson avait épousé en 1698 Marie Beatrix de Grammont, fille du marquis de Grammont (de Franche-Comté.)

Grimaldi (prince de Monaco, duc de Valentinois)

Jacques-François-Léonor Goyon, marquis de Matignon, comte de Thorigny, grand'oncle de la marquise d'Argenson, née de Rosen est devenu prince souverain de Monaco, duc de Valentinois par son mariage avec Louise-Hippolyte Grimaldi en 1715; leurs enfants ont pris les noms et armes de la famille Grimaldi de Monaco.

Grisac (Armand de)

François-Laurent de CROY-CHANEL, major du fort Barraux, épousa le 16 février 1625 Antoinette d'Armand de Grisac, fille d'Antoine d'Armand de Grisac et de demoiselle de Romme.

Grolée de Viriville (marquis de)

Jean III de CROY-CHANEL, chevalier, épousa en 1488. Michelle de Grolée de Viriville, petite fille de Meraud de Grolée et de Marguerite de Levis de Mirepoix.

Grollier (marquis de)

Le marquis de Grollier a épousé Rose de Héricourt. fille de Julien de Héricourt, cousin-germain de madame de CROY, née de Belloy, et de Rose de Brias, (*voir Héricourt*).

Gueffault-d'Argenson.

Jean de Voyer, vicomte de Paulmy, gentilhomme de la chambre du roi, marié en 1538 à Jeanne Gueffault, dame d'Argenson.

Guers (de)

Louis-George de CROY-CHANEL, chevalier, avait épousé Charlotte de Guers, maison originaire du Languedoc, où elle possédait la seigneurie de Castelnau.

Guiffrey du Fresney (de)

Hector de CROY-CHANEL, gouverneur de Bar-sur-Seine, avait épousé Catherine de Guiffrey du Fresney, d'une très-ancienne famille d'Allevard. Son neveu Guigues de Guiffrey est connu dans les mémoires de Bayard, sous le nom du Brave de Bottière. Cette famille s'est éteinte dans celle de Marcieu.

Gyurcsany (de)

Frédéric de CROY-CHANEL, lieutenant de hussards, en Autriche, fils du comte Henri de CROY-CHANEL a épousé en 1848, Thérèse de Gyurcsany.

H.

Harville (Juvenel des Ursins, marquis d'Harville de Traisnel).

La marquise de Rosen, née d'Harville des Ursins de Trais-nel, mère de madame d'Argenson était fille du marquis d'Harville de Traisnel, chevalier des ordres du roi, et de Marie-Antoinette Goyon de Matignon. Il eut 5 enfants :

1o La marquise de Rosen ;

2o La marquise de Chasteigner ;

3o La comtesse Bermond du Caila ;

4o La comtesse de Rochambeau ;

5o Le comte d'Harville marié à mademoiselle Dalpozzo de la Cisterne.

Haussonville, (Cleron comte d')

Louise de Broglie, fille du duc de Broglie, et petite-fille de la marquise d'Argenson. née de Rosen, a épousé Othenin de Cleron, comte d'Haussonville, ancien député.

Hautfare (Lambert d')

Françoise-Julie de CROY-CHANEL, sœur de Claude IV de CROY-CHANEL, épousa le 15 septembre 1788 Gaspard Lambert d'Hautfare.

Hericourt, (marquis de)

Elisabeth Roussel de Belloy, tante de madame de CROY,

née de Belloy, épousa Julien comte de Hericourt, descendant de Baudouin de Hericourt, marié à Firmine de Créqui de Raimboval.

Le comte Julien de Hericourt eut cinq enfants :

1° Julien d'Héricourt, marié à Rose de Brias, dont une fille a épousé le marquis de Grollier, (*voir Grollier*).

2° Antoine de Hericourt, marié à demoiselle Margantin.

3° Julienne de Hericourt, mariée à M. de Morgan d'Espagny, dont deux filles, l'une mariée à M. de Rouvroy, l'autre à M. de Senarmont (*voir Rouvroy et Senarmont*).

4° Josephe de Hericourt, mariée à M. de Sandelin dont une fille a épousé le baron de Colbert Castle Hill, (*voir Colbert Castle Hill*).

5° Mélanie de Hericourt, mariée à M. Jourdain de Thieulloy, (*voir de Thieulloy*).

Houlier de la Poyade,

René de Voyer, comte d'Argenson, ambassadeur à Venise, épousa en 1650, Marguerite Houlier de la Poyade.

Hurault, (comte de Chiverny, marquis de Vibraye)

Pierre de Voyer, seigneur d'Argenson, grand bailly de Touraine, épousa en 1594 Elisabeth Hurault, nièce du chancelier Hurault de Cheverny.

J.

Juigné (Le Clerc marquis de)

Le comte de Juigné, officier général, épousa Eulalie du Floquet de Réals, fille de Charles du Floquet de Reals et de

Madeleine de Bery d'Esserteaux, cousine germaine de madame de Cnoy, née de Belloy. Elle eut trois enfants :

1º Anatole , marquis de Juigné, marié en première nonoces à mademoiselle Feydeau de Brou, en deuxième noces à madame Quentin, marquise de Chancenetz, née de Castellanne. dont un fils marié à sa cousine germaine, mademoiselle de la Valette.

2º Caroline de Juigné, mariée à M. de Beaufort dont une fille a épousé le baron de Coriolis, (*voir Beaufort*).

3º Anna de Juigné, mariée au marquis de la Valette, dont une fille a épousé son cousin germain, le comte de Juigné, (*voir la Valette*).

L.

La Châtre , (duc de)

Mademoiselle d'Harville de Traisnel, grande-tante de la marquise d'Argenson, avait épousé le marquis de la Châtre.

Larcher de Pocancy ,

Marc-Pierre de Voyer , comte d'Argenson, ministre de la guerre épousa en 1719 Anne Larcher de Pocancy , d'une ancienne famille du parlement de Paris.

La Rivière, (comte de)

Céleste de Voyer de Paulmy, mariée en 1689 à Charles-Yves-Jacques, comte de La Rivière et de Plœuc. maréchal de camp.

Lascours, (Reynaud Boulogne baron de)

Sophie de Voyer d'Argenson, sœur de Madame de CROY , mariée à Fortuné Reynaud Boulogne, baron de Lascours, pair de France , général de division , grand officier de la Légion d'Honneur, dont deux enfants :

1o Cécile de Lascours , mariée au comte de Chaponay ;

2° Joseph de Lascours a épousé en 1859 Clémentine Nogaret de Calvière, fille du comte de Calvière.

Laval, (Montmorency duc de)

Mademoiselle de Luxembourg, fille aînée de la duchesse de Luxembourg, née Voyer d'Argenson, mariée à Adrien de Montmorency, prince duc de Laval, pair de France, ambassadeur, etc...

Laval, (Montmorency marquis de)

Pauline de Voyer d'Argenson, mariée en 1786 à Guy de Montmorency, marquis de Laval.

Le Blanc,

Sophie de Rosen, marquise d'Argenson était fille du marquis de Rosen et de Marie-Antoinette d'Harville, fille du marquis de Traisnel, lieutenant général, fils de Louise-Madeleine Le Blanc, marquise de Traisnel , qui était fille de Claude Le Blanc, ministre de la guerre sous Louis XV.

Levis Mirepoix (duc de)

La duchesse de Levis Mirepoix née de Laval Montmorency, était fille de la duchesse de Laval, née Montmorency Luxembourg, fille elle même de la duchesse de Luxembourg, née de Voyer d'Argenson de Paulmy, première dame du palais de la reine Marie Antoinette.

Lorraine (prince de)

Catherine Thérèse Goyon de Matignon, grande tante de la

marquise d'Argenson née de Rosen épousa en 1695 Charles
de Lorraine comte de Marsan, prince de Mortagne.

Luce de Trémont

Henri, vicomte de CROY-CHANEL, fils de la comtesse de
CROY, née d'Argenson, a épousé en 1849 Isabelle Luce de
Trémont.

Mélanie d'Oyron, fille de la marquise d'Oyron, née de Voyer
d'Argenson, a épousé en 1849 Octave Luce de Trémont.

Luxembourg, (Montmorency duc de)

Adélaïde Geneviève de Voyer d'Argenson de Paulmy a
épousé en 1771 Anne-Charles Sigismond de Montmorency
Luxembourg, duc de Luxembourg, pair de France, député
de la noblesse aux états généraux de 1789.

M.

Mailles , (de)

Jean Ier de CROY-CHANEL, chevalier, épousa Richarde de
Mailles, famille qui donna , en 1025 un évêque de Grenoble
et, en 1259, un gouverneur de Briançon.

Mailly (comte de)

Le marquis de Voyer d'Argenson, lieutenant général,
grand-père de madame de CROY, épousa en 1747 Constance
de Mailly, fille du maréchal de Mailly et de Constance Colbert de Torcy.

Paul Roussel de Belloy, seigneur de Belloy Saint-Léonard
aïeul de M. de CROY fut tuteur de la maréchale de Mailly
née de Séricourt, marquise d'Esclainvillers. La mère de
celle-ci était Marie Michelle de Court de Bonvilliers, nièce de

Espérance de Court de Bonvilliers mariée à Gabriel Roussel de Belloy.

Maillebois. (Desmarets marquis de)

Magdeleine de Voyer d'Argenson, fille du ministre des affaires étrangères, épousa en 1745 le marquis de Maillebois, grand d'Espagne, lieutenant général.

Marcieu, (Marquis de)

Pauline de Morgan, fille du baron de Morgan marié à Pauline Roussel de Belloy, cousine germaine de madame de CROY, née de Belloy, a épousé le marquis de Marcieu, dont deux fils : l'un qui est marié à mademoiselle de Chanaleilles, famille alliée aux Las Cases, d'Andlau, de Crillon, etc..., l'autre qui a épousé mademoiselle de Grille.

Martanges, (Bovet comte de)

Le comte de Martanges a épousé Victoire de Bery d'Esserteaux, fille de Gabriel de Bery, marquis d'Esserteaux et de Robertine de Surmont. Elle était ainsi cousine germaine de madame de CROY, née de Belloy.

Matignon, (Goyon marquis de)

La marquise de Rosen, née d'Harville, mère de madame d'Argenson, était fille de Marie-Antoinette Goyon de Matignon, petite-fille du maréchal de Matignon.

Menou, (marquis de)

Octavie, princesse de Broglie, fille de madame d'Argenson, et sœur de madame de CROY, a épousé François, marquis de Menou, dont trois enfants :

1° Léonce de Menou, marié à Blanche Hélie de de Saint-Saëns ;

2° Octave de Menou, marié à Céline Langlois d'Amilly ;

3° Ocatvie de Menou, mariée au marquis de Nieul.

Montbron, (Cherade, comte de)

Allié par les Drouin de Vaudeuil. De cette même famille est M. Drouin de l'Huis, ancien ministre des affaires étrangères. Alliance du même côté avec les familles de Saint-Cricq, de Cassini, de Zeltner et des princes de Castelcicala.

Montmorency-Laval, (duc de)

La duchesse de Montmorency-Laval était fille de la duchesse de Luxembourg. née Voyer d'Argenson.

Montmorency duc de Luxembourg,

Geneviève de de Voyer d'Argenson de Paulmy avait épousé en 1752 le duc de Montmorency-Luxembourg,

Montmort (Remond marquis de)

Claude-François, comte de Croy-Chanel, chambellan de S. M. Napoléon Ier, avait épousé en premières noces Eugénie de Montmort, fille du marquis de Montmort, maréchal de camp. Il en eut une fille mariée au baron de Romeuf.

Auguste de prince Croy-Chanel a épousé en premières noces Louise de Montmort, veuve du marquis de Ferrière-Sauvebeuf.

Morgan, (baron de)

Paul Roussel de Belloy, marié à Jeanne de Morgan, eut entre autres enfants : Pierre Roussel de Belloy, grand-père de M. de CROY. — Joséphine de Belloy, mariée à Jean-Baptiste de Morgan, dont trois enfants :

1° Le baron de Morgan, marié à sa cousine germaine, Pauline de Belloy, dont cinq enfants :

I. Un fils marié à mademoiselle de Frondeville. — Il en a eu : un fils, marié à mademoiselle de la Croix; une fille, mariée à M. d'Hautecloque ;

2° Edouard de Morgan, marié à mademoiselle d'Esnouville ;

3° Adrien de Morgan, marié à mademoiselle de Gomer ;

4° Une fille mariée au marquis de Marcieu, (*voir Marcieu*);

5° Une fille mariée au marquis de Pyolens. (*voir Pyolens*);

II. Morgan d'Espagny, marié à sa cousine germaine Julienne de Héricourt, (*voir Héricourt*) ;

III. Une fille mariée à M. de Barmont.

Mornac (Boscal de Reals comte de)

Marie de Voyer d'Argenson mariée en 1670 à Jean-Louis Boscal de Réals, baron de Mornac.

Moges, (marquis de)

Octavie, princesse de Broglie, fille de la marquise d'Argenson et sœur de madame de CROY, a épousé Charles, marquis de Moges, dont Armandine de Moges mariée au prince de Broglie (*voir Broglie*).

Blanche de l'Aigle, nièce de madame de CROY, a épousé le comte de Moges, vice-amiral.

Murat, (comte de)

Aline de Voyer d'Argenson, tante de madame de CROY,

a épousé Paul comte de Murat, dont un fils marié à mademoiselle d'Avessens.

N.

Naulot, (de)

Claude IV de CROY-CHANEL, capitaine de dragons, épousa le 6 octobre 1778 Elisabeth de Naulot, fille de Gaspard Naulot et de Elisabeth de Guibert. Celle-ci avait un frère dont la fille épousa M. Ferry de Bellemare, — et une sœur mariée à M. de Rollin dont une fille épousa M, de Ségur.

Nieul, (Poute marquis de)

Octavie de Menou, fille de la marquise de Menou, née de Broglie, et nièce de madame de CROY, a épousé Arnould Poute, marquis de Nieul

O.

Ornano, (comte d')

Aline de Voyer d'Argenson, nièce de madame de CROY, a épousé Rodolphe, comte d'Ornano, préfet, député, chambellan et maître des cérémonies de l'Empereur Napoléon III, fils du général comte d'Ornano , gouverneur des Invalides.

Oyron, (Fournier Boisairault marquis d')

Elisabeth de Voyer d'Argenson, sœur de madame de CROY, avait épousé en 1828 Gustave Fournier de Boisairault, marquis d'Oyron, dont trois enfants :

1° Auguste d'Oyron marié en 1858 à Gertrude de Stacpoole, fille du duc de Stacpoole ;

2° Mélanie d'Oyron, mariée à O. Luce de Trémont ;

3° Marie d'Oyron.

P.

Pellet de la Verune de Narbonne, (de)

Jean IV de CROY-CHANEL, chevalier, avait épousé Florence de Pellet de la Verune, des vicomtes de Narbonne et seigneurs d'Alais. La branche de Narbonne de la Verune s'est éteinte dans la famille de Carbonnel, marquis de Canisi.

Peloux, (du)

Jean II de CROY-CHANEL, chevalier, avait épousé Jeanne du Peloux Une sœur de Jean III de CROY-CHANEL, Catherine avait épousé aussi Guillaume du Peloux.

Pimodan, (de la Vallée Barécourt, marquis de)

Le marquis de Pimodan a épousé Mlle de Couronnel. (voir Couronnel).

Pison de Maupas.

Claude III de CROY-CHANEL, capitaine au régiment Dauphin-Infanterie, épousa le 20 août 1713 Elisabeth Pison.

Pons de Bergerac, (comte de Marennes).

Guillaume de CROY-CHANEL, chevalier, épousa Jeanne Pons de Bergerac d'une ancienne et illustre famille du Poitou, qui s'est éteinte dans celle de du Bouchet de Sorches, marquis de Tourzel.

Porte (de la)

Allié par les Caumartin.

Pully (Randon, comte de)

Laure de Voyer d'Argenson, nièce de Madame de Croy, avait épousé Enguerrand Randon, comte de Pully, petit fils du général de Pully.

Pyolens (marquis de)

Mademoiselle de Morgan, fille du Baron de Morgan, cousin germain de madame de Croy, née de Belloy, a épousé le marquis de Pyolens, dont une fille est mariée au comte de Laurencin Beaufort, famille alliée aux Mortemart. *(voir Morgan)*.

R.

Rochambeau, (Vicmur marquis de)

Mademoiselle d'Harville, sœur de la marquise de Rosen et tante de la marquise d'Argenson, avait épousé le vicomte de Rochambeau, fils du maréchal de Rochambeau.

Romeuf, (baron de)

Caroline de Croy-Chanel, fille du comte de Croy-Chanel, chambellan, a épousé le 7 juin 1836, le baron Alexandre de Romeuf, fils du baron de Romeuf, maréchal de camp.

Rosen, (marquis de)

Sophie de Rosen, mère de madame de Croy, était fille du marquis de Rosen, colonel de cavalerie, et petite fille de Conrad de Rosen, marquis de Bolwiller, maréchal de France en 1703, chevalier des ordres du roi, issu d'une illustre famille du Suède dont l'un des représentants actuels est le comte de Rosen, grand maréchal du palais de la reine de Suède. Sophie de Rosen avait épousé, 1795, René-Marc-Marie de Voyer d'Argenson, préfet et député.

Rosnay, (Berbier de Metz comte de)

Marie-Claude Berbier de Metz de Rosnay, fille du comte de Rosnay, président à la chambre des comptes, veuve du comte d'Hautefort, avait épousé Gabriel de Bery, marquis d'Esserteaux dont la fille mariée à Pierre Roussel de Belloy est grand'mère de M. Croy.

Rottembourg, (comte de)

Jeanne de Rosen, grande tante de la marquise d'Argenson, épousa le comte de Rottembourg , lieutenant général des armées de Louis XIV.

Rouvroy, (de)

Mademoiselle de Morgan d'Epagni, fille du marquis de Morgan d'Epagni et de Julienne de Héricourt, cousins germains de madame de Croy, née de Belloy, a épousé M. de Rouvroy, dont un fils marié à mademoiselle Blin, et une fille mariée au vicomte de Lorgeril. (*voir Héricourt*).

S.

Salaberry, (comte de)

Allié par les De la Porte et Caumartin.

Salvaing de Boissieu, (de)

Claude-Guigues de Croy-Chanel , frère de Jean IV de Croy-Chanel , épousa Aimonette de Salvaing , famille qui donna un grand'maître à l'ordre des templiers en 1370.

Samuel, (de)

François-Nicolas de CROY-CHANEL, épousa en secondes noces, le 14 juin 1753, Marguerite de Samuel, fille de Claude de Samuel et d'Emerantienne de Nantes.

Sandelin (de)

Joseph de Héricourt, consine germaine de madame de CROY, née de Belloy, a épousé M. de Sandelin, dont une fille mariée au baron Colbert Castle Hill.

Sarrazin, (comte de)

Claire-Marie-Gabrielle de CROY a épousé, le 12 juillet 1850. Allyre-Charles-Augustin, comte de Sarrazin, fils du comte Adrien de Sarrazin, et petit-fils du comte de Sarrazin, chevalier de St-Louis, député de la noblesse aux États généraux de 1789, issu d'une ancienne famille d'Auvergne.

Sassenage, (marquis de)

Pierre de Hongrie de CROY-CHANEL a épousé, le 13 décembre 1308 Agnès de Sassenage. dite de Veracieu, fille de Othomard de Sassenage. dit de Véracieu et de dame Louise de Savoie. La famille de Sassenage s'est éteinte dans celle des marquis de Beranger.

Sénarmont (de)

Mademoiselle de Morgan d'Epagni, fille de M. de Morgan d'Epagni et de Julienne de Hericourt, cousins germains de madame de CROY, née de Belloy, a épousé M. de Sénarmont.

Staël-Holstein, (baron de)

Victor, duc de Broglie, fils de la marquise d'Argenson, mère de madame de CROY, a épousé Albertine de Staël-

Holstein, fille de la baronne de Staël, née Necker. Il en a eu trois enfants :

1o Albert, prince de Broglie, marié à Pauline de Gallard de Béarn. fille du comte de Béarn, sénateur.

2o Paul de Broglie, enseigne de vaisseau ;

3o Louise de Broglie, mariée au comte d'Haussonville.

T.

Tschitschakoff.

Le comte Henri de Cроy-Chanel, magnat de Hongrie, a épousé en premières noces Julie Tschitschakoff, fille de l'amiral russe de ce nom, dont cinq enfants :

1o Fredéric de de Croy marié à Thérèse de Gyurcsany ;

2o Charles de Croy, aide de camp de l'Empereur d'Autriche;

3o Gustave de Croy, lieutenant de vaisseau ;

4o Guillaume de Croy, lieutenant de Uhlans ;

5o Henriette de Croy.

Thieulloy, (Jourdain de)

Mélanie de Hericourt, fille de Elisabeth Roussel de Belloy et cousine germaine de madame de Croy, née de Belloy, avait épousé M. Jourdain de Thieulloy, dont trois enfants :

1o Le comte de Thieulloy, marié à mademoiselle de Rouvroy, dont une fille mariée au comte Mallet de Coupigni, un fils marié à mademoiselle de Pracomtal.

2o Mademoiselle de Thieulloy, marié à M. de Gillès, dont une fille mariée à M. du Passage, un fils marié à mademoiselle le Bègue de Germini, un fils marié à mademoisselle de Ouffières;

3º Mademoiselle de Thieulloy, mariée à son cousin, M. de Thieulloy.

Turpin de Crissé (comte de)

René de Voyer, vicomte de Paulmy, gouverneur de Tourraine, avait épousé, en 1580, Claude Turpin de Crissé, fille de Charles Turpin, comte de Crissé.

V.

Valette, (Persin Monguillard, marquis de la)

Anna Le Clerc de Juigné, fille de Eulalie du Floquet de Reals, cousine Germaine de madame de Croy, née de Belloy (*voir Floquet de Reals*), a épousé le marquis de la Valette, dont une fille mariée à son cousin germain, le marquis de Juigné.

Valori, (marquis de)

Antoinette-Catherine de Voyer d'Argenson, épousa en 1667 Louis de Valori, seigneur d'Estilly, et fut mère du marquis de Valori, ambassadeur.

Vaudray,)comte de)

Le marquis de Rosen, lieutenant général, grand'père de madame d'Argenson, avait épousé Octavie de Vaudray, baronne de St-Remy, et dernière héritière de cette illustre famille.

Verneuil, (de)

Philippe Voyer de Paulmy, écuyer, épousa en 1380, Jeanne de Verneuil.

Verthamon, (marquis de)

La marquise d'Argenson, femme du garde des sceaux, était fille de M. de Caumartin, conseiller d'État et de mademoiselle de Verthamon.

W.

Wurtemberg, (roi de)

René de Voyer, comte de Paulmy et de Boisé, épousa en 1700 Marie-Anne, princesse de Wurtemberg, arrière grande-tante du roi de Wurtemberg.

FIN.

TABLE

De tous les Noms dont il est fait mention dans les Alliances.

—

A.

B.

de **Bethune,** (*voir Dauvet)*

de **Berthoult,** (comte, — *voir Colbert Castle Hill*)

de **Betz,**

Blin, (*voir Rouvroy*)

de **Boberil,** (*voir Colbert Castle Hill*)

de **Bonvilliers,** (Court, — *voir Esclainvillers*)

de **Bourbon ,**

de **Bourbon-Busset,** (comte)

de **Bournonville,** (Moret)

de **Brias,** (*voir Héricourt*)

de **Broc,** (comte)

de **Brou,** (*voir Juigné*)

de **Broglie,** (duc)

de **Broglie-Revel,** (prince)

de **Brouilly,** (marquis de Piennes)

C.

de **Cadaval ,** (duc)

du **Caila,** (Bermond comte, — *voir Harville*)

de **Calvière,** (Nogaret. comte, — *voir Lascours*)

de **Canisi,** (de Carbonnel, marquis, — *voir Pellet*)

de **Carouge,** (Le Veneur du Tillers)

de **Cassini,** (*voir Montbron*)

de **Castelcicala,** (*voir Montbron*)

de **Castellanne,** (*voir Juigné)*

de **Caumartin,** (Le Fèvre)

de **Chabert-Baille,**

de **Chamborant,** (Marquis)

de la **Chambre,**

de **Chanaleille,** (*voir Marcieu*)

de **Chancenets,** (Quentin, marquis — *voir Juigné*)

de **Chaponnay**, (comte)
de **Charra**,
de **Chasteigner**, (marquis)
de **Chatillon** ,(marquis)
de **Choisy**, (Abbé)
de **Clau**,
de **Clermont-Tonnerre**, (duc)
de **Clervaux** , (comte)
de **Commiers**,
de **Colbert** (marquis de Torcy).
de **Colbert Castle Hill**, (baron)
de **Coigny**, (Franquetot, duc)
Cor, (Sir, baronet)
de **Coriolis**, (d'Espinouse, baron, — *voir Beaufort*)
de **Couhé Lusignan**, (comte)
de **Couronnel**, (marquis)
de **Crequy**, (*voir Héricourt*)
de la **Croix**, (*voir Morgan*)
dela **Croix de Rousillon**,

D.

Dauvet.
des **Cars** (Perusse, duc)
Drouyn de l'Huys et **Drouyn de Vaudeuil**, (*voir Montbron*)
Dufresne de Beaucourt.
Du Puy.

E.

d'**Esclainvillers**, (de Séricourt marquis)
d'**Esnouville**, (*voir Morgan*)
d'**Esserteau**, (de Bery, marquis)

F.

Faure,
du **Faure de Vercors**.
de **Ferrière-Sauvebeuf**, (marquis)
Ferry de Bellemare (*voir Naulot*)
de **Fitz-James**, (duc)
du **Floquet de Reals**,
Frottier de la Messelière (comte)
de **Frondeville**, (*voir Morgan*)

G.

de **Galway**, (comte — *voir Broc*)
de **Ganay** (comte)
de **Gallard de Bearne**, (comte, — *voir Staël*)
Germain, (*voir Aigle*)
de **Germini**, (Le Begue, — *voir Thieulloy*)
de **Gillès**, (*voir Thieulloy*
de **Gomer**, (marquis —*voir Morgan*)
de **Grammont** (marquis)
Grimaldi (prince de Monaco)
de **Grisac** (Armand)
de **Grolée de Viriville**, (marquis)
de **Grollier**, (marquis)
Gueffault-d'Argenson,
de **Guérin**, (*voir Faure de Vercors*)
de **Guers**
de **Guibert**, (*voir Naulot*)
de **Guiffrey du Fresney**
de **Gyurcsany**,

H.

d'**Harville**, (Juvenel des Ursins, marquis de Traisnel)
d'**Haussonville**, (Cleron, comte)

d'**Hauteclocque**, (*voir Morgan*)
d'**Hautefare**, (Lambert)
d'**Héricourt**, (marquis)
d'**Hostun**, (Duc, comte de Tallart —*voir Charra*)
Houlier de la **Poyade**,
Hurault, (marquis de Vibraye)

J.

de **Juigné**, (Le Clerc marquis)

L.

de **La Châtre**, (duc)
Larcher de Pocancy,
de **La Rivière**, (comte)
de **Lascours**, (Reynaud Boulogne, baron)
de **Laval**, (Montmorency, duc)
de **Laval**, (Montmorency, marquis)
de **Laurencin-Beaufort**, (comte — *voir Pyolens*)
Le Blanc,
de **Levis Mirepoix** (duc)
de **Locher**, (*voir Esserteaux*)
de **Lorgeril**, (comte — *voir Rouvroy*)
de **Lorraine** (prince)
Luce de Trémont
de **Luxembourg**, (Montmorency duc)

M.

de **Mailles**,
de **Mailly** (comte)
de **Maillebois**. (Desmarets, marquis)

Mallet de Coupigny, (comte — *voir Thieuloy*)
Margantin, (*voir Héricourt*)
de **Marcieu,** (Marquis)
de **Martanges,** (Bovet comte)
de **Matignon,** (Goyon marquis)
de **Maubec,** (Raymond — *voir Faure de Vercors*)
Mion d'Auvilar, (*voir Dauvet*)
de **Menou,** (marquis)
de **Montbron,** (Cherade, comte)
de **Montmort** (Remond marquis)
de **Morgan,** (baron)
de **Mornac,** (Boscal de Réal, comte)
de **Moges,** (marquis)
de **Murat,** (comte)
de la **Myre,** (comte de Maury, — *voir Bournonville*)

N.

de **Naulot,**
de **Nieul,** (Poute marquis)

O.

d'**Ornano,** (comte (
d'**Ouffières,** (*voir Thieulloy*)
d'**Oyron,** (Fournier Boisairault, marquis)

P.

du **Passage,** (*voir Thieulloy*)
de **Pellet de la Verune de Narbonne,**

du **Peloux,**

de **Pimodan,** (de la Vallée, Rarecourt, marquis)

Pison de Maupas

de la **Porte,**

Pons de Bergerac, (comte de Marennes).

Pozzo, (marquis de la Trousse, — *voir Harville*)

de **Pully** (Randon, comte)

de **Pracomtal,** *(voir Thieulloy)*

de **Pyolens** (marquis)

R.

de **Rochambeau,** (Viemur marquis)

de **Rollin** , *(voir Naulot)*

de **Romeuf,** (baron)

de **Romme,** *(voir Grissac)*

de **Rosen,** (marquis)

de **Rosnay,** (Berbier de Metz comte)

de **Rottembourg,** (comte)

de **Rouvroy,**

S.

de **Saint-Cricq,** *(voir Montbron)*

de **Saint-Saëns,** *(voir Menou)*

de **Salaberry,** (comte)

de **Salvaing de Boissieu,**

de **Samuel,**

de **Sandelin**

de **Sarrazin,** (comte)

de **Sassenage,** (marquis)

de **Segur,** *(voir Naulot)*

de **Selles,** *(voir Aigle)*

de **Sénarmont**
de **Staël-Holstein,** (baron)
de **Stacpoole** (duc — *voir Oyron*)
de **Surmont,** (*voir Marlanges*)

T.

de **Talaru,** (Marquis, — *voir Beranger*)
de **Tencin,** (cardinal, —*voir Faure de Vercors*)
Tschitschakoff.
de **Thieulloy,** (Jourdain)
de **Turpin de Crissé** (comte)
de **Tourzel,** (Dubouchet de Sourches, marquis — *voir Pons*)

U.

d'**Urre,** (*voir Faure de Vercors*)

V.

de la **Valette,** (Persin Mongaillard, marquis)
de **Valori,** (marquis)
de **Vaudray,**)comte)
de **Verneuil,**
de **Verthamon,** (marquis)
de **Vidart,** comte, — *voir Broglie-Revel*)

W.

de **Wurtemberg,** (roi)
de **Zeltner,** (voir *Montbron*)

FIN.

Châtellerault. — Imp. BLANCHARD

www.ingramcontent.com/pod-product-compliance
Lightning Source LLC
Chambersburg PA
CBHW070823260626
47161CB00006B/2379